Helko Trentzsch

Der Thingplatz auf den Kleinen Brandbergen in Halle-Kröllwitz

Vorwort

Die Bauten aus der Zeit des Nationalsozialismus haben in den vergangenen Jahrzehnten immer wieder Anlass für Kontroversen um deren Erhalt, Nutzung, denkmalästhetische Inszenierung und Musealisierung geboten. Sie stellen jedoch ein wichtiges geschichtliches Zeugnis für die Architektur und Propagandakultur der nationalsozialistischen Diktatur dar und gelten daher oft als Kultur- bzw. Baudenkmal.

Durch den Bau des Thingplatzes in Halle sollte eine Möglichkeit geschaffen werden, die nationalsozialistische Kultur und das nationalsozialistische Gemeinschaftsleben an einer „historischen" Stätte zu repräsentieren. Der Thingplatz erfüllte in der nationalsozialistischen Propaganda somit zwei Funktionen: zum einen als Aufführungsstätte für die geplanten Thingspiele und zum anderen als zentraler Platz für Massenaufmärsche im Gau Halle-Merseburg. Im Februar 1934 wurde die Mitteldeutsche Spielgemeinschaft als Träger der zukünftigen Festspiele in Halle gegründet. Am 1. Mai 1934 wurde der Thingplatz, als erster im Deutschen Reich, mit einem Festthing seiner Bestimmung übergeben. Doch bereits im Jahre 1935 erfolgte die Auflösung aller Spielgemeinschaften im Deutschen Reich und GOEBBELS ließ sogar das Wort Thing verbieten. Ab 1936 wurden durch die „Freilichtbühne e.V. Halle" noch die Mitteldeutschen Festspiele durchgeführt. Der Thingplatz, der als solcher nicht mehr bezeichnet werden durfte, verfiel zusehends.

Die Thingstätte auf den halleschen Brandbergen steht auf Halles Denkmalliste. Im Band 4 (Stadt Halle) des Denkmalverzeichnisses des Landes Sachsen-Anhalt findet sich folgende Beschreibung zum Baudenkmal Thingstätte Brandberge (Kröllwitz):

„Errichtet im Auftrag der NSDAP-Gaupropagandaleitung des Gaues Halle-Merseburg als Aufführungsstätte für nationalsozialistische Thingspiele und politische Aufmärsche, ursprünglich monumentale Freilichtarena in Hanglage mit Bühne und Aufmarschplatz, der erhaltene bastionsartige Bühnenbau aus Bruchstein als "Ehrenmal der Arbeit" mit offener, innen gewölbter Ehrenhalle mit Ober-

licht auf kreisrundem Grundriß, im Innern ursprünglich überlebensgroße Arbeiterstandbilder des Bildhauers Alfred Vocke (diese seit 1951 am Kurt-Wabbel-Stadion aufgestellt, siehe Straße der Republik), erste Thingstätte im Deutschen Reich, wichtiges geschichtliches Zeugnis für die Architektur und Propagandakultur der NS-Diktatur, eingeweiht am 1. Mai 1934, Architekt Ludwig Moshammer"

Die eingezäunten Reste des bastionsartigen Bühnenbaus befinden sich südlich der Straßenbahnwendeschleife Halle-Kröllwitz und sind mittlerweile von Bäumen und Sträuchern verdeckt. Das einstige Spielfeld wird heute als Parkplatz genutzt. Anfang der 1950er Jahre wurde der südliche bzw. obere Teil der Zuschauerränge mit Institutsgebäuden der Martin-Luther-Universität Halle-Wittenberg überbaut. Ende der 1970er Jahre kamen im mittleren Bereich zwei Studentenwohnheime der Universität hinzu. Fast komplett erhalten geblieben sind die festen Bauten des Thingplatzes. Die zugemauerte Kuppelhalle mit den Treppenaufgängen kann man von der Straßenbahnhaltestelle aus erreichen.

Helko Trentzsch
Halle, 2009

4

Inhalt

1 Die nationalsozialistische Thingspielbewegung

1.1 Ursprünge des Things[1]

Als Thing wurden Volks- und Gerichtsversammlungen nach dem alten germanischen Recht bezeichnet. *Thing* ist in allen skandinavischen Sprachen das Wort für "Versammlung", "Zusammenkunft" und "Gericht", wo rechtliche und administrative Angelegenheiten verhandelt werden. Die deutsche Bedeutung von Ding (und englisch: thing) als Sache leitet sich von der dort behandelten Rechtssache ab. Der Ort oder Platz, an dem eine solche Versammlung abgehalten wurde, heißt Thingplatz oder Thingstätte und wurde an einem etwas erhöhten Punkt angelegt. Es gibt Orte nach dieser Bezeichnung wie *Thüngen*, *Dingden*, *Dingstäde*, *Dingstätte* und *Dingstede* in Deutschland oder *Tingstäde* auf Gotland. Die von Thing hergeleitete Bedeutung von Ding als Ort der verbindlichen Rechtspflege gehört zum festen Bestand des deutschen Wortschatzes in Wörtern wie dinglich, Bedingung, (un)abdingbar, dingfest, dingflüchtig, sich ausbedingen, verteidigen, auch in den veraltenden Wörtern (sich als Magd) verdingen, gedungene (Mörder).

In skandinavischen Ländern hat sich die Bezeichnung bis heute für die Volksvertretung erhalten. So heißt das dänische Parlament *Folketing*, die Volksvertretungen in Island *Althing*, auf den Färöern *Løgting* und in Norwegen *Storting*. In Schweden heißt das Parlament zwar *Riksdag*, aber die Provinziallandtage *Landsting*. Auch im Rechtsbereich kommt das Wort Ting noch vor. Ordentliche Gerichte erster Instanz heißen in Schweden *Tingsrätt*. Des Weiteren heißen Gerichtsgebäude in Norwegen heute noch *Tinghus*.

Das Thing fand unter Vorsitz des Königs bzw. des Stammes- oder Sippenoberhaupts tagsüber unter freiem Himmel und oftmals unter Gerichtslinden statt. Es dauerte drei Tage.

---

[1] verkürzt nach Seite „Thing". In: Wikipedia, Die freie Enzyklopädie. Bearbeitungsstand: 20. August 2009, 09:13 UTC. URL: http://de.wikipedia.org/w/index.php?title=Thing&oldid=63575712

Das altgermanische Thing diente der politischen Beratung ebenso wie Gerichtsverhandlungen und auch kultischen Zwecken. Der
altgermanische Gott Tyr galt als „Schutzherr des Things". Mit der
Eröffnung der Versammlung wurde der Thingfriede ausgerufen.

Abb. 1: Týr (Island, 18. Jahrhundert) [http://de.wikipedia.org]

In vorchristlicher Zeit sollen Thingplätze auch kultischen Spielen
gedient haben. Tacitus beschreibt in "Germania" den Ablauf des
Things. Demnach wurden am ersten Tag der Zusammenkunft
unter starkem Alkoholkonsum wichtige politische, aber auch mili-
tärische Angelegenheiten besprochen. Beschlüsse wurden dagegen erst am nächsten Tag in nüchternem Zustand gefasst.

Die Thingordnung im frühen Norwegen

Aus der vorhistorischen Zeit gibt es keine Quellen über die
Thingordnung. Aber es kann als sicher gelten, dass diese nicht
durch einen Herrscher eingeführt wurde, sondern aus der Bevöl-

kerung von selbst erwuchs, da deren Einführung für das Zusammenleben einer Gesellschaft unabdingbar war. Das lässt sich daran erkennen, dass die Isländer alsbald nach der Besiedlung sich um eine Thingordnung bemühten. Ob alle bekannten norwegischen Völkerschaften diese Institutionen hatten, ist nicht bekannt. Zu Zeiten Håkons des Guten gab es zwei große Landesthinge: *Gulathing* für das Westland und *Frostathing* für Trøndelag. Ab dem 11. Jahrhundert schlossen sich andere Gebiete an. Agder kam zum *Gulathing* und Nordmøre und Hålogaland kamen zum *Frostathing*. Im Zeitraum der Reichseinung kam noch das *Øyrathing* hinzu, das ein besonderes Thing für die Königswahl und auch für politische Beratungen wurde.

Abb. 2: Das Alþing in Island (Gemälde von W. G. Collingwood, 19. Jh.) [http://de.wikipedia.org]

Ursprünglich eine Versammlung aller freien Männer des Bezirks, wurde es im Zuge seiner räumlichen Ausweitung und der Zunahme der Bevölkerung in der Mitte des 10. Jahrhunderts zu einem repräsentativen Thing mit Delegierten der einzelnen Volksgruppen.

Die Aufgaben des Things beschränkten sich auf die Gesetzgebung und die Rechtsprechung in ganz besonderen Fällen. Es fand einmal im Sommer eines jeden Jahres statt; der Zeitpunkt war im Gesetz bestimmt.

Es gab eine Reihe verschiedener Thingbezeichnungen. Sie hießen *Herredsthing* oder *Fylkesthing* nach dem Gebiet, welches sie umfassten, oder *Frostathing* oder *Gulathing* nach dem Ort, wo sie stattfanden. Wenn alle freien Bauern des Einzugsbereichs verpflichtet waren, an dem Thing teilzunehmen, hieß das Thing *Allmannathing* oder *Tjoðthing*. Die lokalen Thinge wurden nach Bedarf zusammengerufen, indem ein Aufgebotsstab herumgereicht wurde. Diese lokalen Thinge hatten nach ihren Aufgaben weitere Namen. Es wurde unterschieden zwischen *Sóknarthing* (= Prozessthing), *Atfararthing* (= Vollstreckungsthing), auf welchem ein Kläger einen vollstreckbaren Titel zur rechtmäßigen Vollstreckung erhalten wollte, und *Manndrápsthing* (= Totschlagsthing) für die Verhandlung von Totschlagssachen. Daneben gab es auch Thinge mit Organisationsinhalten. So gab es das *Skipreiðuthing*, auf dem die Bezirke, die Schiffe mit Mannschaft zu stellen und zu unterhalten hatten, neu festgelegt wurden, oder *Vápnathing*, bei dem jeder die vorgeschriebene Bewaffnung vorzeigen musste, eine Art Waffenappell. Auch für die Königswahl gab es ein Thing.

Neben den großen überregionalen Thingversammlungen gab es also regionale und kleinere Thingversammlungen, die sich der alltäglichen Rechtsstreitigkeiten annahmen. Wie das Rechtswesen funktionierte, lässt sich erst für das 11. und 12. Jahrhundert anhand der für diese Zeit vorliegenden Gesetze ablesen. Da gibt es dann schon das *Eidsivathing* und das *Borgarthing* für Ostnorwegen.

Bedeutungswandel in der fränkischen Zeit

In der fränkischen Zeit blieb von der ursprünglichen Bedeutung nur noch das Gerichtswesen mit der Bezeichnung „Ding" übrig. Um die Akzeptanz der neuen Ordnung und der sie legitimierenden christlichen Kirche zu erhöhen, wurden zahlreiche Kirchengebäude von den Franken an traditionellen Dingstätten errichtet. Das echte Ding fand immer zu feststehenden Zeiten unter dem Vorsitz des Grafen statt. Beim gebotenen Ding tagten nur die Schöffen unter Vorsitz des Gemeindevorstehers (Schultheiß, Schulze). Es wurde bei Bedarf einberufen und erforderte die Ladung der Dinggenossen. Wer sich dem Ding entzog, war dingflüchtig und konnte dingfest gemacht, das heißt festgenommen werden.

Die Zeit bis zum nächsten echten Ding wurde Dingfrist genannt. Sie dauerte bei den Franken 40 Nächte, bei den Sachsen sechs Wochen und drei Tage.

Die mittelalterlichen Markgenossenschaften, welche aus der fränkischen Zeit stammten und oftmals bis ins 19. Jahrhundert existierten, nannten ihre jährlichen Versammlungen Märkerding oder Wahlding.

Die Orte dieser Gerichtsversammlungen wurden später auch Malstätten genannt und mit Gerichtssteinen gekennzeichnet.

Es gibt Hinweise darauf, dass die Bezeichnungen Thieplatz (Tieplatz) und Thingplatz synonym gebraucht wurden oder zumindest einen ähnlichen Ursprung hatten. Viele Plätze, vor allem im norddeutschen Raum, tragen noch heute den Namen Thieplatz oder Thiestätte. Der Thie hatte lokalen Bezug und befand sich in der Regel innerhalb von Ortslagen auch kleiner Siedlungen, während eine Thingstätte eher regionale und überregionale Bedeutung hatte.

1.2 Thingspiel

Im frühen 20. Jahrhundert fanden bei manchen Verbänden (Quickborn-Arbeitskreis) der Jugendbewegung Großversammlungen statt, welche unter den Begriff Thing abgehalten wurden, zum Beispiel die Jahresversammlung des ganzen Verbandes. Darin sollten ihre Abkehr von den abgelehnten Formen der Wilhelminischen Epoche und die Rückbesinnung auf eine vermeintlich bessere Zeit der tugendhaften Ahnen zum Ausdruck kommen. Es war üblich, die Gesamtversammlungen mit Darbietungen eigener Kunst zu beleben, mit Trachten, Tanz, Gesang, Dichtung, Laienspiel. Nach der Weltwirtschaftskrise 1929 sollten auch außerhalb der Jugendverbände, aber nach ihrem Vorbild, solche Großereignisse gestaltet werden. Diesem Zweck widmete sich der "Reichsbund der deutschen Freilicht- und Volksschauspiele e. V."[2] Nach der Machtergreifung Hitlers vermittelte der Schauspieler OTTO LAUBINGER, ein überzeugter Nationalsozialist, dass der Reichsminister für Volksaufklärung und Propaganda die Vereinigung anerkannte.

Der Begriff *Thingspiel* wurde 1933 von dem Kölner Theaterwissenschaftler CARL NIESSEN (1890–1969) eingeführt - im Sinne des alten Begriffs der rechtlich-politischen Versammlung im Steinring. Die Volks- und Gerichtsversammlungen bei den Germanen wurden in Folge der Rückbesinnung der Nationalsozialisten auf die deutsche und germanische Geschichte herangezogen und verbanden damit die Vorstellung einer germanischen Variante des griechischen Theaters in neuzeitlicher Form. Aus der Verbindung des Volkstheaters als Massentheater und der politischen Kundgebung im Geiste der Volksgemeinschaft sollte eine kultische Festgemeinde erwachsen. Die Herausbildung und Festigung der Volksgemeinschaft war hierbei die Hauptidee. Es sollte eine klassenlose, freie Gesellschaft entstehen - eine Einheit des Volkes auf nationaler, völkischer und rassischer Grundlage.

---

[2] verkürzt nach Seite „Thingbewegung". In: Wikipedia, Die freie Enzyklopädie. Bearbeitungsstand: 30. August 2008, 16:47 UTC. URL: http://de.wikipedia.org/w/index.php?title=Thingbewegung&oldid=501664 34

Die Nationalsozialisten bezeichneten das Thingspiel als etwas Neues, etwas typisch Nationalsozialistisches. Wurzeln finden sich aber bereits im mittelalterlichen Mysterienspiel. Die Erlösung der Gläubigen durch die Tat eines göttlichen Einzelnen, die Gegensätzlichkeit vom Gut und Böse in Gestalt feindlicher Heerscharen und der moralische Appell bilden die Grundlage für die Vermittlung weltanschaulich geprägter Inhalte. Alle diese Charakteristika des Mysterienspiels findet man im Thingspiel wieder, insbesondere die Erlösung durch einen Einzelnen. Der moralische Appell und die Vermittlung bestimmter Inhalte sind dabei ein Anliegen des Thingspiels.

Zu Beginn der 1930er Jahre gab es eine aktive, aber unorganisierte Natur- oder Freiluft-Theaterbewegung, die den Heimat- und Naturverbundenheitsaspekt betonte. 1932 formierte sich unter der Leitung von WILHELM KARL GERST der "Reichsbund zur Förderung der Freilichtspiele". Die Thingspielbewegung sollte von staatlicher Seite durch drei Mittel gelenkt werden. Neben der Organisation der Reichstheater und dem Bau der Thingstätten stand die Entwicklung einer nationalsozialistischen Thingspieltheorie an oberster Stelle.

Eine klare Definition des Thingspiels gab es außer einer deutlichen Abgrenzung von der traditionellen Guckkastenbühne jedoch lange nicht. Der Reichsdramaturg RAINER SCHLÖSSER (1899-1945) formulierte als Erster ein entsprechendes Konzept: „Erstens das Oratorium, will heißen ein Programm aus Chören und Einzelsprüchen, zweitens die Pantomime- die Allegorie, lebende Bilder, Fahnenweihe, Festakte-, drittens der Aufzug-Paraden, Festzüge, Versammlungen- und viertens der Tanz- Ballett, Ausdruckstanz, Gymnastik, Sportfeste."[3] Diese Elemente sollten durch die Musik verbunden werden.

Das Thingspieldrama sollte als eigenständige dramatische Gattung etabliert werden. Daher durften nur wenige Dramen die offizielle Bezeichnung Thingspiel tragen, welche sie vom Reichsminister für Volksaufklärung und Propaganda, JOSEPH GOEBBELS, bekamen.

---

[3] Schlösser (1935), S. 57

Bei den Inszenierungen spielten drei Prinzipien eine große Rolle: die Idee der Volksgemeinschaft, also die Verschmelzung von Schauspielern und Zuschauern zu einer Einheit, das Führer- und das soldatisch-militaristische Prinzip. Die inhaltlichen Themen der Stücke orientierten sich zumeist an der Zeit des Ersten Weltkrieges oder der Weimarer Republik, die dem Zuschauer ein Identifikationspotential geben sollten.

1.3 Thingspielstätten

Zu Beginn der Thingspielbewegung war der Plan, über 400 Thingspielstätten zu errichten. Um dieses große Vorhaben meistern zu können, wurde eigens eine „Akademische Arbeitsgemeinschaft für Architekten" gegründet, die die Plätze entwerfen sollten. Von der anfänglichen Idee, bereits vorhandene Bühnen oder Stadien, die für Massenveranstaltungen gebaut waren, zu nutzen, ging man ab, da man auch durch den Bau einer eigenen Stätte das Besondere der Thingspiele unterstreichen wollte. Die Bauplätze wurden nach ihrer guten Lage und optimalen Bauvoraussetzungen bestimmt. Von den 400 veranschlagten Plätzen reduzierte man bald auf 66, letztendlich wurden knapp 40 Plätze errichtet.

Entsprechend dem neuen Raumkonzept trat an die Stelle des eindimensionalen Spielschauens der Rampenbühne ein mehrdimensionales. „Erst mit der Arena, die offene Zugänge hat, ist die volle Entfaltung des kultisch-chorischen Schauspiels möglich, der Zuschauer Mitakteur und der Schauspieler Volksgenosse."[4] Die Form der Arena war, vom antiken Theater inspiriert, nicht neu.

Die Grundidee sah eine dreigeteilte, terrassenförmig ansteigende, gestaffelte Bühne vor. Der größte Spielraum war die, in den halbkreisförmig umgebenden Zuschauerbereich hineingezogene Vorbühne. Die Rampe, als ein Merkmal der klassischen Guckkastenbühne, fiel weg. Vorbühne und Zuschauerraum lagen auf gleicher Höhe. Die mittlere Bühne, die sich an die Vorbühne schloss, lag auf Augenhöhe der mittleren Zuschauerreihen und

---

[4] Schlösser (1935), S. 57

die Hinterbühne war am kleinsten, aber am höchsten gelegen. Durch den Bühnenaufbau kam es zu einer starken hierarchischen Gliederung.

Die Bühnen waren durch Stufen und Podeste an den Seiten miteinander verbunden, denn durch die Verbindung von Bühne und Schauraum sollte ein fließender Übergang geschaffen werden, um damit auch architektonisch der Volksgemeinschaft Ausdruck zu verleihen. Der Spielraum sollte eine Erweiterung des Schauraumes sein. Der Zuschauer sollte sich als Teil des Ganzen verstehen.

Im Zuschauerraum sollten mindestens 3.000 und höchstens 20.000 Zuschauer eine Sitzgelegenheit finden. Die Zuschauer konnten in einem, dem Amphitheater ähnlich angelegten Raum Platz nehmen. Im Zuschauerraum waren breite Zugänge, durch den der Chor auftrat und somit die Aufhebung der Trennung zwischen Zuschauern und Schauspielern verstärken sollte. Auf einen Vorhang verzichtete man. Den Beginn, die jeweiligen Akte und das Ende kündigten Fanfaren an.

Die Natur wurde zum Bestandteil des Gemeinschafts- und Einheitsgedankens. Durch den Bau der Stätten in morphologisch gegebenen Berg- und Hanglagen wurde dies deutlich. Oft waren die Plätze etwas abseits, z.B. in einem Waldgebiet gelegen. Teilweise wurde die Landschaft miteinbezogen und an dem jeweiligen Ort für den historischen Charakter nachträglich genutzt. Die Spiele fanden in der Regel gegen Abend bei Einbruch der Dunkelheit statt. Die Atmosphäre wurde durch den Einsatz von Feuer und Fackeln, die das Erhabene der Veranstaltung unterstreichen sollten, unterstützt.

Abb. 3: Das Kalkbergstadion in Bad Segeberg als Kulisse der Karl-May-Spiele [http://de.wikipedia.org]

Abb. 4: Die Dietrich-Eckart-Freilichtbühne 1939, heute Berliner Wald-bühne [http://de.wikipedia.org]

*Abb. 5: Theater und Denkmal zur Erinnerung an die schlesischen Auf-
stände in Annaberg [http://de.wikipedia.org]*

Da man zum Bau der Anlagen Steine verwendete, fehlte es akus-
tisch an Resonanzverstärkung. Zudem führte die weitläufige
Konzeption dazu, dass in den hinteren Reihen wenig bis gar
nichts zu verstehen war. So mussten Verstärker- und Mikrofon-
systeme zum Einsatz kommen, was aber mit einem enormen
technischen und finanziellen Aufwand verbunden war.

Die Thingplätze sollten nicht ausschließlich als Spielstätten genutzt werden, sondern auch als Aufmarsch- und Versammlungs-
ort für politische Kundgebungen. Vor den jeweiligen Stätten gab
es teilweise riesige Aufmarschplätze und Denkmäler zur Ehrung
der Toten des Ersten Weltkrieges, womit man erneut den weihe-
vollen Charakter der Stätte unterstreichen wollte.

1.4 Inszenierung

Um die dem Thingspiel eigene Aussage besser vermitteln zu können, hatte man die Idee, den Beteiligten eine spezielle Thingspielausbildung zukommen zu lassen, was aus Kostengründen alsbald wieder verworfen wurde. In der Zusammensetzung der Chöre kam der Laienspielcharakter zum Tragen, da man eine Vielzahl von Darstellern benötigte. Der Chor wurde zum wichtigsten dramaturgischen Mittel und dabei vor allem die Bewegung des Chores, nach tänzerischen und pantomimischen Prinzipien. Die Musik sollte als bindendes Mittel fungieren. Eigens komponierte Stücke wurden jedoch später von einfacheren, rhythmisierenden Geräuschen ersetzt. Politische Versammlungstraditionen wurden aufgegriffen und die Aufführungen ähnelten teilweise militärischen Aufmärschen, was sich daran zeigte, dass der Chor in militärischer Formation, in Reih und Glied, von Marschmusik begleitet, einzog. Anschließend bewegte sich der Chor nach tänzerischen rhythmischen Prinzipien im Raum. Die riesigen Massen verfehlten oftmals ihre Wirkung, denn es war ermüdend, die vielen Chöre einmarschieren zu sehen. Dem Zuschauer sollte klar werden, dass er ein Teil der Inszenierung war. Um dies zu vermitteln, wurden neben der Abschaffung der Rampe verschiedene Mittel angewandt. Bei den Auf- und Abmärschen des Chores und der Schauspieler wurden gemeinsam Lieder gesungen. Die einzelnen Chordarsteller traten in manchen Inszenierungen rechts und links der Bühne an die Zuschauer heran, nahmen sie an den Händen und bildeten mit ihnen eine Kette, was somit den Eindruck einer großen Gemeinschaft erzeugen und dem Zuschauer die Aufhebung der Grenzen zwischen Schauspiel und Zuschauer deutlich machen sollte. Durch das Tragen gleicher Symbole oder Fahnen sowie gleichfarbiger Kostüme konnte man die verschiedenen Gruppen des Chors leicht unterscheiden. Auf aufwendige Kulissen wurde verzichtet, Dekorationen oder Requisiten kamen nur spärlich zum Einsatz. Fahnen oder Banner dienten zur Raumgliederung. Da die Vorstellungen bei Einbruch der Dunkelheit stattfanden, wurden Scheinwerfer genutzt, um den Raum aufzuteilen.

1.5 Das Ende der Thingspielbewegung

Im Oktober 1935 starb LAUBINGER und GERST wurde entlassen. Nun traten „echte" Nationalsozialisten an ihre Stelle. Es erging die Sprachregelung, dass Begriffe wie Thing nicht in Verbindung mit parteipolitischen Veranstaltungen oder staatlichen Unternehmungen verwendet werden durften. Soweit Thingstätten erfolgreich waren, mussten sie seitdem als Freilichtbühnen bezeichnet werden. Die Planung von Thingstätten im ganzen Reich war übermäßig in Gang gesetzt worden. Längst nicht alle Vorhaben konnten ausgeführt werden. So verzögerten unerwartete Schwierigkeiten beim Erschließen des Geländes den Ausbau oder gefährdeten ihn im Ganzen. Von 1936 an wurden die geplanten Thingplätze nur dann weiter ausgebaut, wenn die städtischen Fremdenverkehrsämter sich dafür einsetzten.

Im Jahre 1937 endete schließlich die Thingspielbewegung aus verschiedenen Gründen. Das die nationalsozialistische Ideologie vermittelnde Theater war damit gescheitert. Ideologische Inhalte konnten mit Hilfe politischer Massenkundgebungen weitaus effektiver vermittelt werden, da hier eine Aussage direkter transportiert wurde und kein zwischengeschaltetes Medium wie der Chor nötig war. Zudem lösten moderne Medien wie Rundfunk und Film das Theater als Propagandainstrument ab. Der kultische Charakter der Thingspiele setzte sich in den Massenkundgebungen fort und die Mobilisierung der Massen wurde mittels anderer Medien versucht. Zudem war 1936 das nationalsozialistische System etabliert. Unterhaltung und Zerstreuung des Volkes zählten fortan zu den primären Ansprüchen und Erwartungen, die an die Kunst geknüpft wurden. Infolgedessen kam es zu einem Boom der Revue und der Komödie. Der Propagandaminister JOSEPH GOEBBELS sah in Film und Radio wesentlich bessere Möglichkeiten der Massenbeeinflussung als in den ideologisch plakativ überladenen Thingspielen. GOEBBELS erkannte auch, dass Veranstaltungen der „Bewegung" eher schadeten, wenn sie als Kult durchschaut wurden. Ohne die Förderung durch die Partei führten Thingspiele von da an nur noch ein Schattendasein bei der Hitlerjugend und in eher Splittergruppen innerhalb der NSDAP.

2 Thingplatz Halle

2.1 Geländе

„Die Brandberge erheben sich im Nordwesten von Halle zwischen der äußersten Bebauung und der Heide. Es sind Porphyrkuppen, wie sie dem Norden von Halle eigen und, trotz ihrer geringen Erhebung von nur 10 bis 20 m über der Umgebung, doch bestimmend sind für die Landschaft. Zwei von Ost nach West verlaufende Höhenrücken, der südliche etwas niedriger als der nördliche, im Osten hakenförmig miteinander verbunden, umschließen eine ziemlich ebene Mulde, die im Westen von dem Kiefernbestand der Heide begrenzt wird."[5]

Die Dölauer Heide erreichte im Mittelalter einen größeren Umfang als heute. Flurnamen wie Lochbreite und Heidborn am nordöstlichen Heiderand zeigen deren frühere Bewaldung an. Ausgehend von einer Schenkungsurkunde des Erzbischofs ALBRECHT II. von Magdeburg für das Kloster Neuwerk aus dem Jahr 1212 lässt der im Urkundentext verwendete Ausdruck *„mirica"* (=Heideland) nicht auf einen Hochwald schließen, wie wir ihn heute kennen, sondern eher auf einen lockeren Bestand von Bäumen und Sträuchern, wie es für eine Heidelandschaft charakteristisch ist.

Auf alten Karten ist der Höhenzug, der heute Brandberge heißt, als „Cröllwitzer Höhen" eingezeichnet. Als Brandberge werden dagegen die Kuppen nördlich des Sandbergweges in der Dölauer Heide bezeichnet, die heute als Krankenberg bekannt sind. Die Herkunft des Namens ist nicht sicher geklärt. Der Begriff Brandberge lässt sich mit den zahlreichen Hügelgräbern in Zusammenhang bringen, die neben Körper- auch Brandbestattungen enthielten. Ebenso kann ein die Landschaft prägender Waldbrand zur Bezeichnung geführt haben. Am wahrscheinlichsten ist vermutlich die Ableitung von den Begriffen *branni, bronnen, brenti* für Sumpf, Moor oder Morast als Kennzeichnung der zwischen

---

[5] Jost (1934)

den trockenen Porphyrkuppen gelegenen sumpfigen und morastigen Stellen. Die Heide war mit einer Vielzahl ausgedehnter Moor- und Sumpfgebiete sowie Quellen und Bächen ursprünglich wesentlich wasserreicher als heutzutage. Ursächlich für das Trockenfallen der ober- und unterirdischen Gewässer waren der Braunkohlenbergbau bei Lieskau-Nietleben und der Steinkohlenabbau bei Dölau. Einbrechende Hohlräume und die Zerstörung der wasserundurchlässigen Tonschicht ließen das Wasser im Untergrund versickern. Die letztendliche Austrocknung der Brandberge ist der extensiven militärischen Nutzung und den damit einhergehenden Maßnahmen (Beseitigung von Gehölzen, Anlegen von Schützengräben, Kanalisation u.ä.) seit Anfang des 20. Jahrhunderts als Übungsgelände geschuldet.

Bereits seit dem Neolithikum vor vier- bis fünftausend Jahren siedelten Menschen rings um die Heide. Davon zeugt noch eine Reihe von Hügelgräbern, die sich in und um die Heide herum konzentrierten. Die markantesten unter ihnen, wie auch auf dem Kleinen Brandberg, erhielten den Namen Heidegrab. Auf alten Heidekarten ist dessen heute durch Baumaßnahmen nicht mehr erkennbare Lage noch ersichtlich. Die Nationalsozialisten propagierten seinerzeit, dass es sich um eine altgermanische Thingstätte als regionale Volks- und Gerichtsversammlungsstätte handele. Wissenschaftlich ließ sich die These bereits in den 1930er Jahren nicht halten. Von der Landesanstalt für Vorgeschichte wurde hier ein größeres Steinkistengrab aus der Zeit der Schnurkeramik (ca. 2000 v. Chr.) und ein Steinkreuz aus senkrecht gestellten Quarzitblöcken entdeckt, was bereits in Vorzeiten geplündert worden war. Auch in der Früh- und Spätlatènezeit (4. bzw. 1. Jh. v. Chr.) ist der Hügel nochmals als Begräbnisplatz genutzt worden.

Das Gelände war in germanischer Zeit noch ein Morast- und Sumpfgebiet, welches lediglich im Bereich des Kleinen und Großen Brandberges als Bestattungsstätte gedient hatte. Die eigentlich gemeinte Stätte war der Ochsenberg gewesen, was Prof. SIEGMAR SCHULTZE-GALÉRA (1865-1945) nachgewiesen hatte.

Im Jahr 1840 bemühte sich der damalige hallesche Kommunalpolitiker LUDWIG WUCHERER (1790-1861) vergeblich um den Ankauf der Brandberge durch die Stadt Halle zur Schaffung eines Grüngürtels um die sich entwickelnde Stadt. Von 1848 bis kurz vor dem Ersten Weltkrieg diente das Gelände der Brandberge bereits als Übungs- und Schießstätte der in Halle stationierten Soldaten. Nach dem Ende des Krieges eroberte sich die Natur das Gelände teilweise wieder zurück, da Halle nun keine Garnison mehr besaß, aber das Gebiet zunehmend als Naherholungs- und Wintersportgebiet genutzt wurde. Im Jahr 1930 kaufte die Stadt Halle unter dem Oberbürgermeister RICHARD ROBERT RIVE (1864-1947) die Brandberge vom preußischen Fiskus ab. Die Vision von einem geschlossenen Grüngürtel im Norden der Stadt sollte wiederum nicht wahr werden, da die Nationalsozialisten die Brandberge, in Anbetracht der vermeintlichen germanischen Bedeutung, zu einem Zentrum der völkischen Kultur machen wollten.

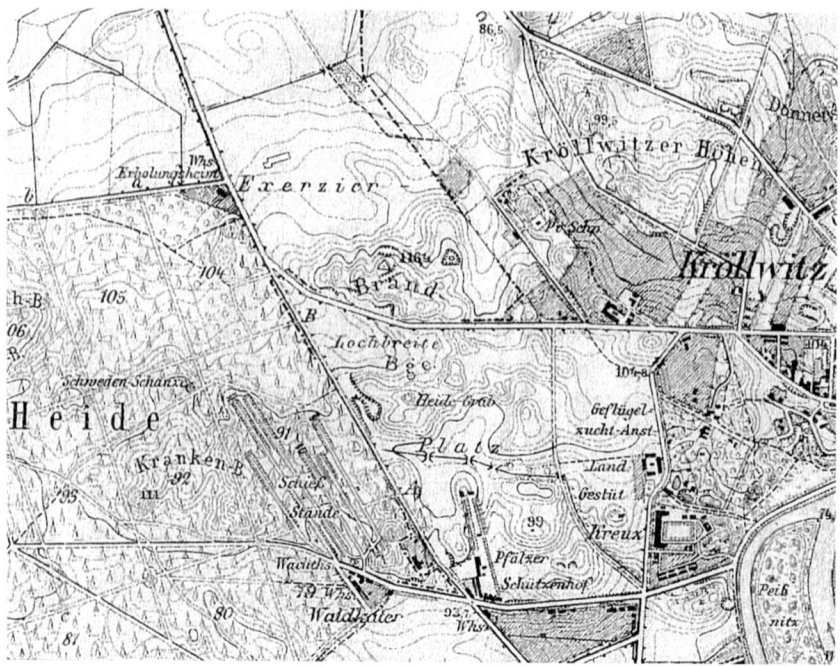

Abb. 6: Die Brandberge Anfang des 19. Jahrhunderts [Messtischblatt ca. 1920]

2.2 Planung

Mitteldeutschland galt bis 1933 als Hochburg der Kommunisten, daher setzte sich der Gaupropagandaleiter und stellvertretende Gauleiter des Gaues Halle Merseburg WALTER TIEßLER persönlich als Leiter der Landesstelle mit dem zügigen Bau eines Thingplatzes dafür ein, dass die Bekehrung der ansässigen Bevölkerung zum Nationalsozialismus beschleunigt werden sollte. Dazu gründete er zusammen mit seinem Parteifreund GÜNTHER L. BARTHEL und dem „Reichsbund der deutschen Freilicht- und Volksschauspieler e.V." am 7. Januar 1934 die Mitteldeutsche Spielgemeinschaft. Ursprünglich war dafür der Galgenberg als Bebauung vorgesehen. Dieser war aber für das Projekt zu klein, so einigte man sich darauf, das sieben Hektar große, muldenartige Gelände zwischen den Großen und Kleinen Brandbergen in Halle-Kröllwitz zu nutzen. Entscheidend war auch die verkehrsgünstige Lage an zwei Ausfallstraßen mit Straßenbahnverbindung.

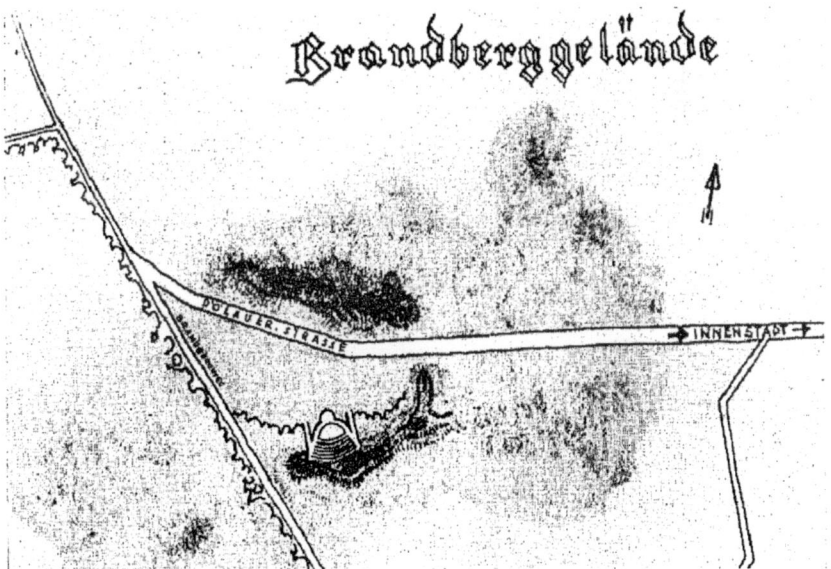

*Abb. 7: Lageplan des Brandberggeländes mit dem Thingplatz
[aus Jost 1934]*

Die Brandberge boten sich schon deshalb an, weil die halleschen Nationalsozialisten das Brandberggelände seit 1933 für ihre Großkundgebungen und Massenaufmärsche nutzten. Am 1. Mai 1933 inszenierten hier 80.000 Mann in NSDAP-Formation für etwa 50.000 Zuschauer den Nationalfeiertag der Arbeit. Im Rahmen der neu gestalteten nationalsozialistischen Feiertage, welche die christlichen Feiertage ersetzen sollten, wurde am 24. Juni 1933 auf den Brandbergen die Sonnenwende gefeiert. Am 8. Juli 1933 beteiligten sich 150.000 Menschen aus den mitteldeutschen Industriebezirken an den Feierlichkeiten zum Tag der Deutschen Arbeitsfront, denen 50.000 Schaulustige beiwohnten. Am Ende des Jahres 1933 fand ein Appell des Gaues Halle-Merseburg auf dem Gelände statt.

Durch den Bau des Thingplatzes sollte nach den politischen Großveranstaltungen eine Möglichkeit geschaffen werden, die nationalsozialistische Kultur und das nationalsozialistische Gemeinschaftslebens an einer „historischen" Stätte zu repräsentieren. Der Thingplatz erfüllte in der nationalsozialistischen Propaganda somit zwei Funktionen: zum einen als Aufführungsstätte für die geplanten Thingspiele und zum anderen als zentraler Platz für Massenaufmärsche im Gau Halle-Merseburg. Deutlich wurde dies anhand der von dem Architekten LUDWIG MOSHAMER[6] (als beauftragter Architekt der Bauberatungsstelle des „Reichsbundes der Deutschen Freilicht- und Volksschauspiele e.V.") Ende Januar 1934 fertig gestellten Baupläne für den Thingplatz sowie des nördlich davon bis zur Dölauer Straße geplanten Aufmarschplatzes.

Im Allgemeinen hatte die jeweilige Stadt die Kosten des Vorentwurfs zu tragen, der durch einen beauftragten Architekten der Bauberatungsstelle zu erfolgen hatte. Die dafür erforderlichen

---

[6] Ludwig Moshamer (* 19. August 1885 in Passau; † 26. März 1946 ebenda) war ein deutscher Architekt, der hauptsächlich wegen seiner städtischen Bauten in Breslau bekannt wurde. Nachdem Moshamer an der Technischen Hochschule München sein Architekturstudium absolviert hatte, arbeitete er in der kommunalen Bauverwaltung der Stadt Breslau. Ab 1934 zeichnete er für mehrere Entwürfe für Thingstätten verantwortlich.

Unterlagen waren zu stellen. Der Reichsbund musste den Entwurf genehmigen. Die Stadt musste eine Zusage abgeben, die Kosten der Arbeiten, die nicht durch den Freiwilligen Arbeitsdienst (FAD) ausgeführt werden konnten, zu übernehmen. Das Propagandaministerium behielt sich ausdrücklich das Verfügungsrecht über den Platz vor, insbesondere bei Theateraufführungen und Kundgebungen. Bei Veranstaltungen der NSDAP hatte der Gauleiter die Verfügung. Auch die Stadt hatte die Möglichkeit, den Thingplatz für Feiern und Kundgebungen zu nutzen, die der Würde des Platzes angemessen waren. Ausgeschlossen blieben jedoch Jahrmärkte und Veranstaltungen ohne höheres Kulturinteresse. Dafür ging die Thingstätte nach der Errichtung in den Besitz der Stadt über.

Nach Vorlage des Vorentwurfs konnten Verhandlungen mit dem Arbeitsdienst aufgenommen werden, die zu einer Anerkennung der Maßnahmen führten und nach Genehmigung durch die Reichsleitung des FAD zur Aufnahme ins Bauprogramm berechtigten. Die jeweilige Stadt musste in der Regel für Unterkunft und Bereitstellung von Wasser und Strom sorgen und die Kosten für den Transport der Arbeiter tragen, wenn in der Nähe kein Arbeitslager vorhanden war.

Im Januar 1934 veröffentlichte die hallesche Presse die zukünftige Nutzung der Brandberge als Thingstätte. Sie war eine von 4 Spielstätten, die im Gau Halle-Merseburg errichtet und bespielt wurden (Bad Schmiedeberg, Schildau, Freyburg).

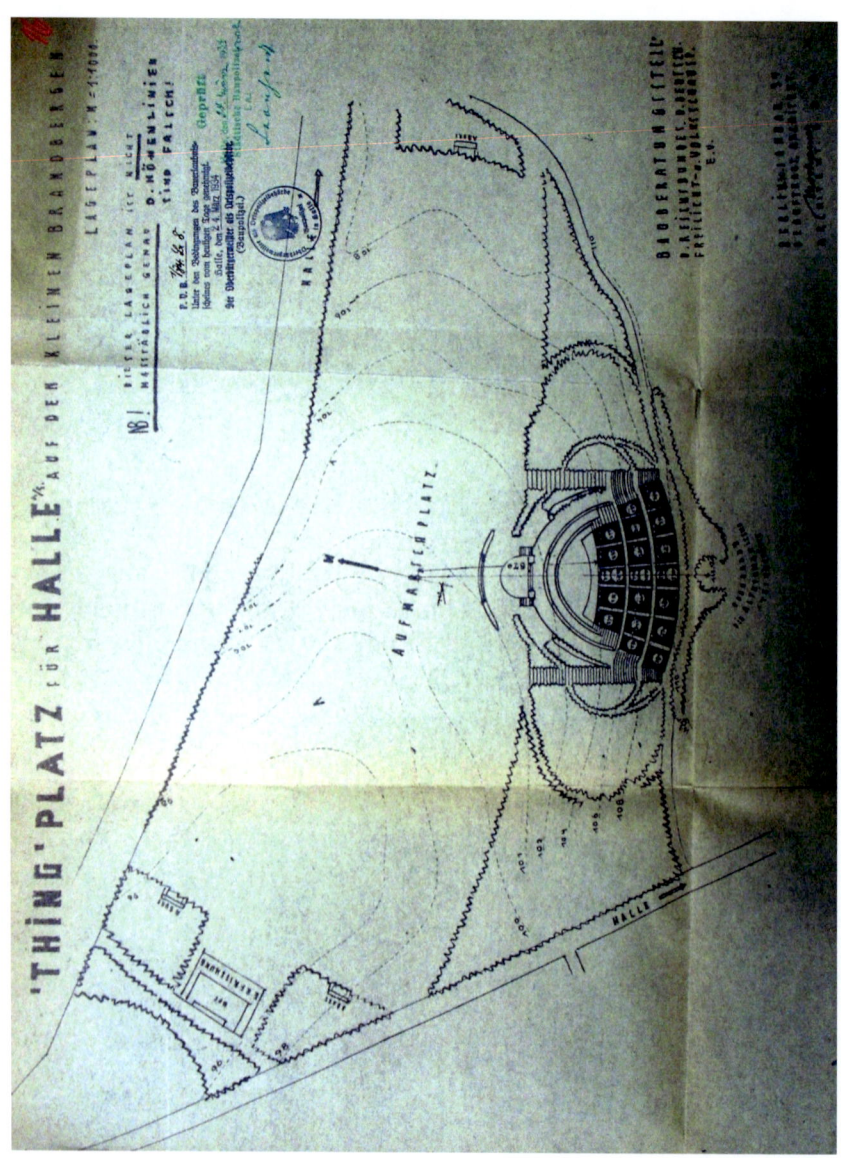

Abb. 8: Lageplan des Thingplatzes auf den Kleinen Brandbergen - nördlich der Aufmarschplatz, südlich anschließend die Freilichtbühne, Architekt Ludwig Moshamer, Genehmigung mit Stempel der Baupolizeibehörde vom 24.03.1934 [Stadtarchiv Halle]

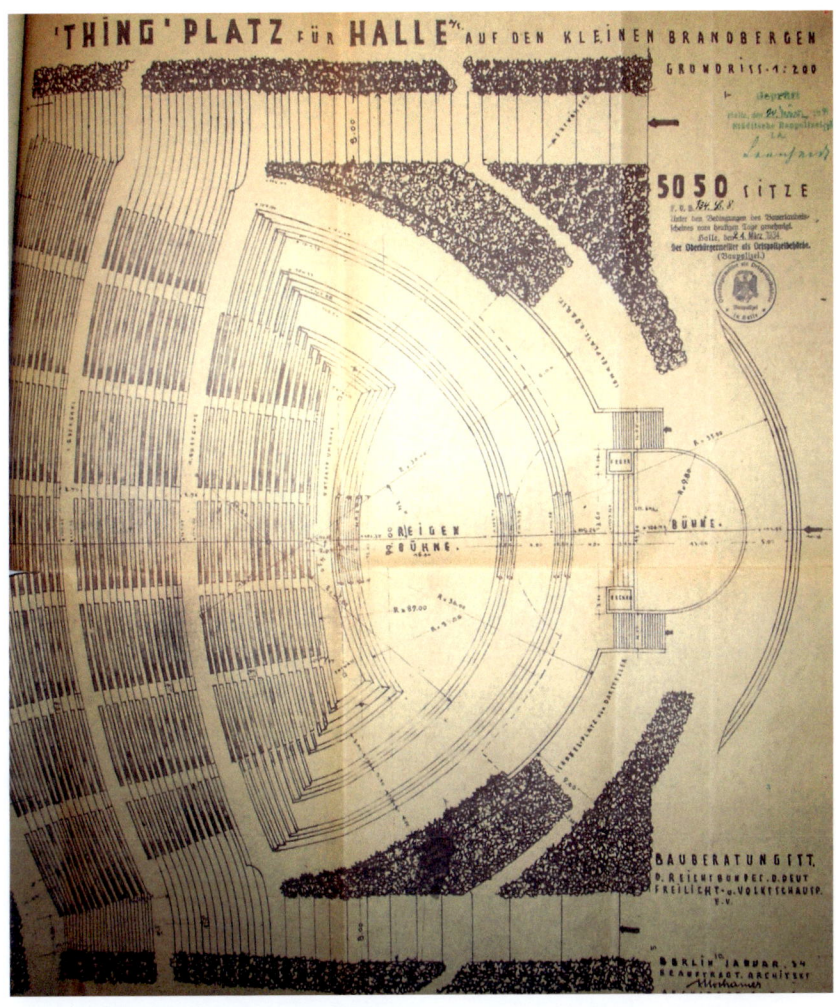

Abb. 9: Grundriss der Freilichtbühne für 5.050 Zuschauer, Architekt
Ludwig Moshamer, Genehmigung mit Stempel der Baupolizeibehörde
vom 24.03.1934 [Stadtarchiv Halle]

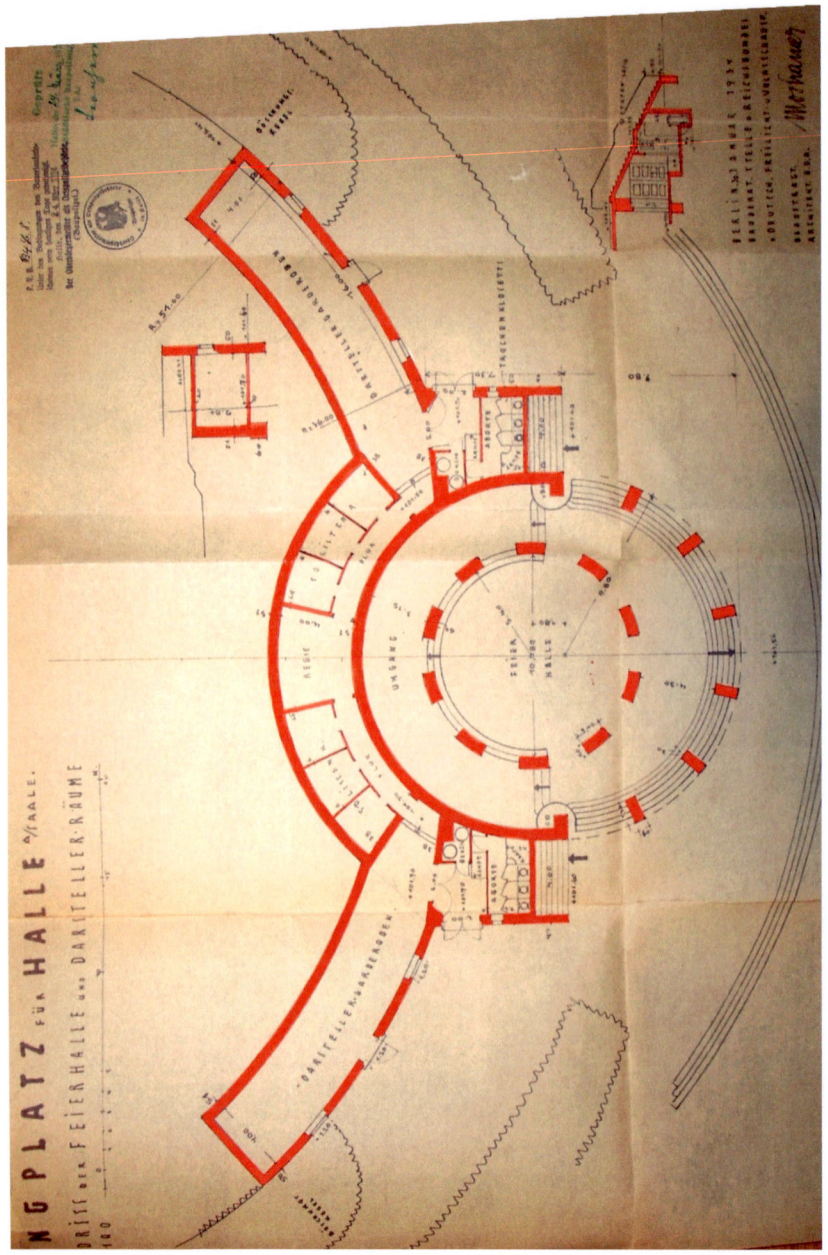

Abb. 10: Grundriss der Feierhalle und Darstellerräume, Architekt Ludwig Moshamer, Genehmigung mit Stempel der Baupolizeibehörde vom 24.03.1934 [Stadtarchiv Halle]

28

Abb. 11: Thingplatz Schildau [http://www.thirdreichruins.com]

Abb. 12: Thingplatz Bad Schmiedeberg [http://www.thirdreichruins.com]

Abb. 13: Thingplatz Freyburg unterhalb der Neuenburg
[aus Laubinger 1934]

Die Propaganda rief junge, künstlerisch begabte, deutsche Männer, Frauen und Mädchen aller Berufsstände, die arischer Abstammung und zwischen 18 und 30 Jahre alt waren, auf, sich für die Thingschauspiele zu melden.

Die Planung der Anlage beschreibt der damalige Stadtbaurat WILHELM JOST 1934 (1874-1944) folgendermaßen:

„In engster Anlehnung an den Hang des südlichen Höhenrückens sind in drei Blöcken die Plätze für die Zuschauer angeordnet, die in geschlossenen Marschgruppen herangeführt werden sollen. Davor liegen in einer gegensätzlichen Kreisschwingung eine Vorbühne mit zwei weiteren Bühnenringen und dahinter die oberste Bühnenplatte. Links und rechts von den zu dieser Hinterbühne führenden Stufen sind große Becken angeordnet, auf denen während der Spiele Feuer brennen sollen. Unter dieser höchsten Bühnenfläche, die etwas über 5m über dem jetzigen flachen Muldengelände liegt, wird eine Ehrenhalle der Arbeit eingebaut, ein runder kuppelüberdeckter Raum in derben Bruchsteinmauern der Heimat, Porphyr, in den ebenfalls ein Flammenbecken und ein Denkmal der Arbeit eingebaut werden sollen. In seitlichen Flügeln und hinter der Ehrenhalle sind unter der Vorbühne Umkleideräume für Darsteller untergebracht. Die nötigsten weiteren Nebenräume sind ebenfalls vorgesehen. Im Großen und Ganzen sind die Betriebseinrichtungen denkbar einfach gedacht. Ob eine besondere Beleuchtung der Sitzflächen, Scheinwerferanlagen für die Bühne, Lautsprecheranlagen und Telefon eingebaut werden sollen, steht noch nicht fest und hängt von den verfügbaren Mitteln ab.

Die äußere Gestalt erhält ihre Eigenart durch den Rundbau der Ehrenhalle und die seitlich anschließenden nach rückwärts führenden runden Außenmauern der Umkleidehalle. Alle sichtbaren Mauern sind in Porphyrbruchstein in derber Ausführung gedacht, und das ganze soll durch eine neue Pflanzung von Nadelhölzern links und rechts mit der Landschaft verbunden werden. Auch der

Aufmarschplatz wird nach der Heide zu eine neue Grenz-pflanzung erhalten, die gleichzeitig den Anschluss an die Heide darstellt."

Der ursprüngliche Entwurf von LUDWIG MOSHAMER sah 5.500 Sitzplätze und zusätzliche Stehplätze vor. Dieser Entwurf wurde vermutlich von den städtischen Behörden geringfügig auf 5.050 Sitzplätze abgewandelt. Die Verbindung von Bühne und Zu-schauerraum wurde durch einen fließenden Übergang herge-stellt, wobei sich aus den umschließenden Treppen die einzelnen Spielfelder (Vor-, Mittel- und Hochspielfeld) mit kleineren Zwi-schenstufen ergaben.

Eine installierte Lautsprecheranlage hat es entgegen den Pla-nungen später nicht gegeben. Die Beleuchtung der Spielstätte erfolgte vom obersten Rang des Zuschauerraums, der, am Nord-hang der Kleinen Brandberge unterhalb des Heidegrabes gele-gen, den Besuchern einen weiten Blick auf die Höhenlinie des nördlichen Brandbergrückens und darüber hinaus auf die Ebene und den Petersberg boten.

Das obere Spielfeld wurde von zwei altarähnlichen, mit Feuer-schalen versehenen Podesten begrenzt. Dieses wurde durch einen gemauerten Hochbau gebildet, der sich an das halbkreis-förmige Hauptspielfeld anschloss und in den vorgelagerten Auf-marschplatz hineinragte. Dadurch konnte das Hochspielfeld gleichzeitig als Tribüne für große Kundgebungen auf dem bis 200.000 Personen fassenden Gelände dienen. Gleichzeitig be-herbergte dieser Hochbau die Umkleidekabinen der Darsteller.

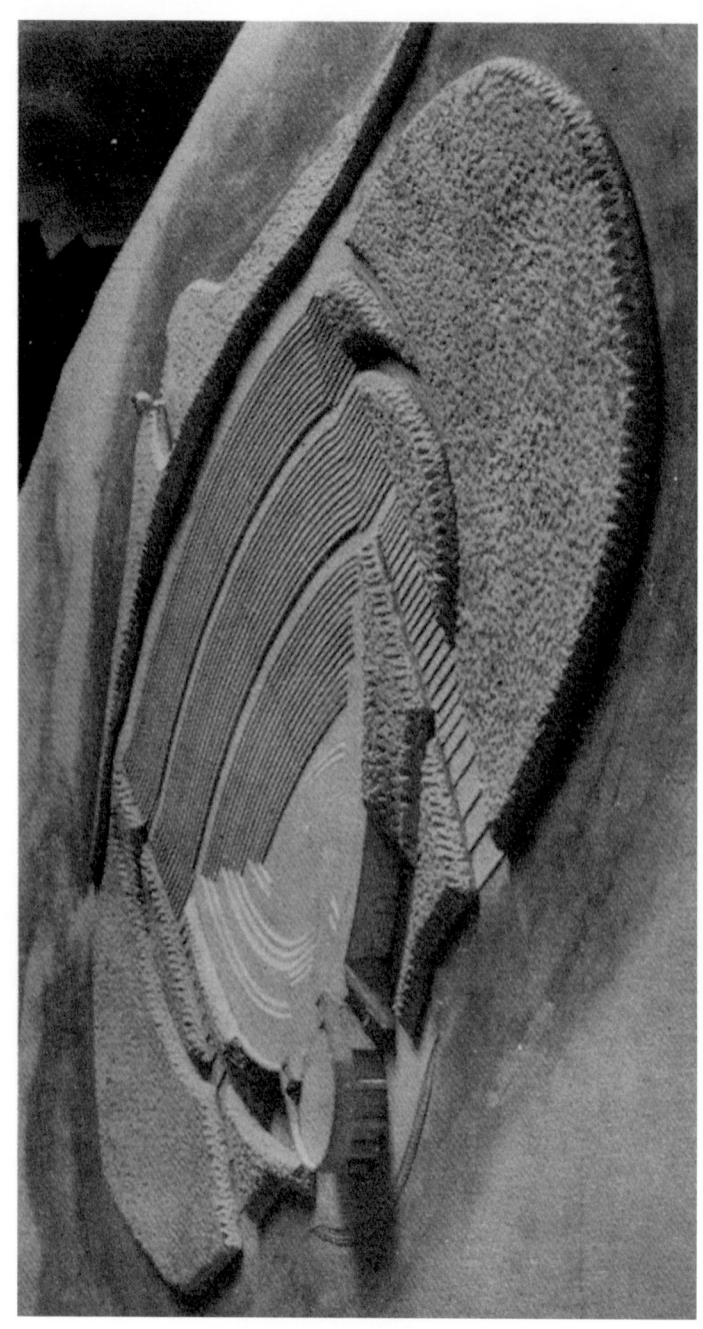

Abb. 14: Modell der Thingstätte [aus Stommer 1985]

Abb. 15: Protokoll der Besprechung in der Landesstelle Mitteldeutschlands des Reichsministeriums für Volksaufklärung und Propaganda bezüglich der Ausgestaltung des Freilichttheaters auf den Brandbergen vom 27.01.1934, folgende 3 Seiten [Stadtarchiv Halle]

Städtische Bauverwaltung.

Gesch.=Z. I.

Halle, den 1. März 1934.

Leipzigerstr.1.

Städt. Baupolizei
1/34. 2. 8.
Eing. 9. MRZ 1934   4
P.V.B _____ Anl.

An
den Oberbürgermeister
als Ortspolizeibehörde
(Baupolizei),

h i e r .
-.-.-.-.-.-.-

Zum Schreiben vom 3.II.34. - P.V.B.1/34.B.8-
-.-.-.-.-.-

/   In der Anlage überreichen wir 4 Blatt Zeichnungen in dop-
4   pelter Ausfertigung über die Errichtung eines Thingplatzes
/   auf den Brandbergen. Die sichtbaren Mauerflächen sollen
2, Ausfertigung   mit Petersberger Porphyrsteinen verblendet werden. Das
fasst.   Kugelgewölbe wird ganz aus Porphyrsteinen ausgeführt. Als
Fußboden in der Feierhalle und Umgang ist Kunststeinbelag
in Plattenform und rötlichem Aussehen angenommen. Die obe-
ren Deckenflächen sowie die im Erdreich liegenden Mauerflächen werden zur Abhaltung der Feuchtigkeit zweckentsprechend isoliert.
Die Nebenräume erhalten Zementfußboden. Die Wände und
Decken im Inneren werden einfach getüncht.
Für die Garderobenräume ist elektr. Licht und fließendes
Wasser vorgesehen. Die Abortanlage ist als Trockenanlage
mit Torfmullschüttung gedacht. Alle Decken sind für eine
Nutzlast von 500 kg/qm herzustellen.
Wir bitten um baldige baupolizeiliche Genehmigung.

Für die Spielgemeinschaft:

I.A.
gez.Bornemann.
Beglaubigt.

Oberstadtsekretär.

33

Am Sonnabend, den 27.1.34, 17 Uhr, fand eine Besprechung in der
Landesstelle Mitteldeutschland des Reichsministeriums für Volksaufklärung und Propaganda wegen Ausgestaltung des Freilichttheaters auf den Brandbergen statt.
Beteiligt waren:
Direktor Gerst, der Leiter der Reichsgeschäftsstelle des Reichs-
               bundes der deutschen Freilicht- und Volksschau-
               spiele,
Architekt B.D.A. Moshamer, Beauftragter des Reichsbundes,
               Berlin- Wilmersdorf, Nauheimerstr.41a,
der Leiter der Landesstelle W.Tießler,
der Geschäftsführer der Mitteldeutschen Spielgemeinschaft für
nationale Festgestaltung Dr. Barthel,
der Vertreter des Freiwilligen Arbeitsdienstes Merseburg Wilde,
der Unterzeichnete.

Die Besprechung ergab, daß in anbetracht der beschleunigten Fertig
stellung für die Grundsteinlegung Montag, der 19.Februar 1934,
in Aussicht genommen wird. Bis dahin muß die vollständige Abstek-
kung beendigt sein (Pflöcke nicht zu klein und rot anstreichen).
Mit der Herstellung der 17 cm hohen , 90 cm breiten Abstufungen
soll sobald wie möglich von oben her begonnen werden, ebenso
der seitlichen Deckungsanpflanzungen und Aufforstung, nach innen
zu mindestens 2,0 m hoch. Humusboden ist abzuheben und für die
Grasnarbe wieder aufzubringen. Genaue Ausführungs und Detailzeich-
nung/mit allen Höhenangaben wird Architekt Moshamer umgehend aus
Berlin übersenden. Für die gegen den Thingplatz ansteigende Rei-
genbühne wird noch Auffüllungsmaterial erforderlich, das am Süd-
rand des städtischen Geländes gewonnen wird. Es sind dazu 4 - 500
m Feldbahngleis erforderlich. Die Vorhaltung des Arbeitsgerätes
soll durch die Stadt erfolgen (Schippen, Holzhacken, Stampfer,
Brechstangen, Hammer usw.), ebenso der Gerätebude und Unterstell-
räume für den Arbeitsdienst.
Ausschreibung und Vergebung der übrigen Arbeiten, Bauleitung ,
Aufforstung, Anpflanzung und Rasenherstellung sowie die dauernde
gärtnerische Unterhaltung ist Sache der Stadt. Insbesondere muß
für die einwandfreie Ableitung der bei starken Regenwetter zu
erwartenden Wasseransammlung Sorge getragen werden. (Tonrohre
15 und 20 cm Ø).
Die Ausführung der unterhalb der Bühne liegenden Feierhalle
und der beiderseits anschließenden Umkleideräume für die Mitwir-

kenden ist von Architekt Moshamer wie folgt gedacht:
Die vorderen Stufen (12 cm Steigung) in Haustein oder Kunststein,
möglichst in der Farbe des Natursteins (Porphyr). Ler Fußboden
der Feierhalle möglichst in Platten (Solnhofner) oder in Natur-
stein gestockt; alles sichtbare Porphyrmauerwerk (nicht über
40 cm stark) nicht glatt sondern möglichst plastisch mit zurück-
haltenden Fugen. Mauerwerk möglichst lagerhaft. Abdeckung der
Brüstungen mit runden Rollschichten. Die Deckenansicht im inneren
Umgang mit plastischem Kellenputz zur Erzielung eines primitiv
rustikalen Eindrucks. Rückwand in Ziegel ohne Putz, einfach mit
Kalk geschlemmt. Für Umkleideräume wird elektrische Beleuchtung
und fliessendes Wasser verlangt. Besondere Überlegung erfordert
die zweckmässige Einrichtung der Abortanlage (Torfmull?).Die
Decke über der Feierhalle und dem Umgang ist zweckentsprechend
zu isolieren (Teerpappe oder Blei)und für eine Nutzlast von
500 kg/qm zu berechnen. Türen und Fenster so einfach wie möglich.

Halle, den 27.1.1934.

gez.Neue.

V.

1. Abschrift Herrn Oberbürgermeister
   mit der Bitte um grundsätzliche Entscheidung vorzulegen.
2. Herrn Bürgermeister.   )
3. Ler Grundeigentumsverwaltung) zur Kenntnis.
4. Je 1 Abschrift Abltg. I b zur umgehenden Vorlage der Unterlagen für die Vergebung der Arbeiten,
   b.der Abtlg. IV zur umgehenden Absteckung der gesamten Anlage,
   c.der Abtlg. III wegen Abort-und Entwässerungsanlage,
   d.der Gartenverwaltung wegen Vorbereitung der Anpflanzung und
   Aufforstung,
   e der Ortspolizeibehörde (Baupolizei) wegen der baupolizeilichen
   Genehmigung und der statischen Berechnung.
5. Wv.

Halle, den 29. Januar 1934.
gez.Schillik.
Beglaubigt.

Oberstadtsekretär.

Die zum Aufmarschplatz geöffnete Kuppelhalle, das erste Ehrenmal der Arbeit, wurde durch die Deutsche Arbeitsfront (DAF)
errichtet und finanziert. Es sollte symbolisieren, dass die Kunst
tatsächlich dem Volke gehöre. In dieser Halle befand sich neben
Skulpturenschmuck eine ewige Flamme, für die der Landespro-
pagandaleiter TIEßLER eigens eine Gasleitung legen ließ. Für das

35

Ehrenmal der Arbeit wurden von ALFRED VOCKE[7] (1886-1944) sechs an Säulen stehende überlebensgroße Arbeiterstandbilder aus Löbejüner Porphyr geschaffen. Nach dem Zweiten Weltkrieg wurden sie trotz ihrer ursprünglichen nationalsozialistischen Bedeutung als künstlerisch erhaltenswert eingeschätzt. Nachdem sie im Innern des Ratshofes eine zeitweilige Aufstellung fanden, erhielten die sechs Figuren im Juli 1951 vor dem halleschen Kurt-Wabbel-Stadion ihren noch heute bestehenden Standort.

Abb. 16: Ehrenmal der Arbeit mit Arbeiterstandbildern des Bildhauers Alfred Vocke [aus Stommer 1985]

---

[7] Alfred Vocke (* 24. April 1886 in Breslau, Schlesien; † 1944 ebenda) war Bildhauer und Medailleur an der Münzstätte Berlin. Vocke war als Professor an der Kunstakademie in Kassel beschäftigt.

Abb. 17: Standort der 6 Figuren seit Juli 1951 vor dem Kurt-Wabbel-Stadion in Halle

Abb. 18: Arbeiterstandbilder aus Abb. 16 im Detail, heutiger Zustand

2.3 Bau

Der feierliche erste Spatenstich durch den Gauleiter RUDOLF JORDAN (1902-1988) fand am 19. Februar 1934 statt. Neben örtlichen und regionalen Vertretern nahmen daran LAUBINGER und GERST sowie der Leiter des FAD, HIERL, und der Reichsbtriebszellenleiter SCHUHMANN als Repräsentant der DAF sowie 3.000 Arbeitsdienstler teil. Mit 110.000 Zuschauern hatte man fast dreimal so viel erreicht, wie man erwartet hatte.

Nach dem ersten Spatenstich setzten sofort die ersten Bauarbeiten ein, die überwiegend aus Erdbewegungen bestanden. Dabei zog man für die schwierigeren Arbeiten nicht nur sämtliche Facharbeiter des Arbeitsgaues zusammen, sondern beschäftigte auch einen Bauunternehmer. Bewusst wurde auf ein „altgermanisches" und bodenständiges Aussehen durch die Verwendung von heimischen Baumaterialien (Petersberger Porphyr) für die Thingplatzbauten geachtet. Da das Werk bis zum 1. Mai fertig sein sollte, verzichtete man auf die Erstellung aufwendiger Anlagen. Weil die Bodenverhältnisse teilweise überaus ungünstig waren, musste die abgeschälte Rasennarbe wieder verwendet werden. Die Befestigung der Terrassen erfolgte mit verdeckten Holzlatten. Umfangreiche Aufforstungen sollten den schon durch die vorhandenen Hügel bestehenden Rahmen kräftiger gestalten und zukünftigen Generationen zeigen, dass das deutsche Volk seine „Waldseele" und damit die Grundlage seiner Kultur wieder gefunden hat. Bereits am 28. April 1934 konnten die von WALTER TIEßLER sowie dem Stadtbaurat WILHELM JOST geleiteten und von 160 Arbeitern sowie hunderten freiwilligen Arbeitsdienst Leistenden ausgeführten Arbeiten auf dem städtischen und kostenlos zur Verfügung gestellten Gelände abgeschlossen werden. Der Platz wurde in seiner Wirkung gelobt und erschien als würdiger Rahmen zur Aufführung der neuen Volksschauspiele.

Am 1. Mai 1934 wurde der Thingplatz, als erster im Deutschen Reich, mit einem Festthing seiner Bestimmung übergeben. Doch erst mit der Aufführung des ersten Stücks, am 5. Juni 1934, erfolgte die eigentliche Weihe.

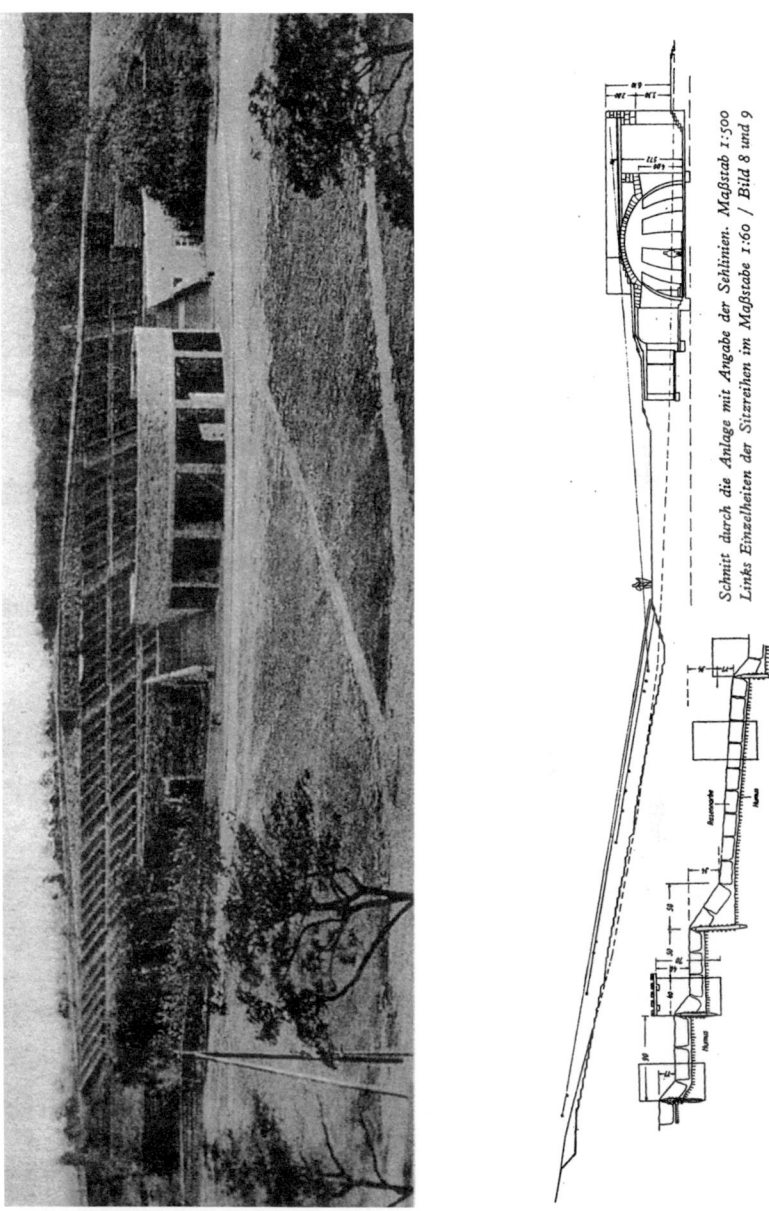

Abb. 19: (links) Gesamtansicht des Thingplatzes nach Fertigstellung [zeitgenössische Ansichtskarte]

Abb. 20: (rechts) Schnitt durch die Anlage mit Angabe der Sehlinien [aus Moshamer 1935]

Abb. 21: Blick von der Bühne zum Großen Brandberg
[http://www.thirdreichruins.com]

Abb. 22: Ostseite der Bühne 1935 [http://www.thirdreichruins.com]

40

Abb. 23: Blick vom Großen Brandberg zur Thingstätte der Nationalso-
zialisten im Jahre 1935; im Vordergrund die Dölauer Straße [mit freund-
licher Genehmigung des Landesamtes für Archäologie und Denkmal-
pflege des Landes Sachsen-Anhalt, Halle; Negativ Nr. 13531 LÄD]

Abb. 24: Die Brandberge um 1940 [Messtischblatt ca. 1940]

2.4 Inszenierungen

Im Februar 1934 wurde die Mitteldeutsche Spielgemeinschaft als Träger der zukünftigen Festspiele unter der Leitung von WALTER TIEßLER in Halle gegründet. Die künstlerische Leitung übernahm GÜNTHER L. BARTHEL. Mitte des Jahres zählte sie bereits über 1.000 Mitwirkende. Die erste Aufführung der Mitteldeutschen Spielgemeinschaft auf dem halleschen Thingplatz am 5. Juni 1934, wurde in der Öffentlichkeit als erste wirkliche Probe für das Thingspiel verstanden. Bei den Vorbereitungsspielen hatten nur Hallen zur Verfügung gestanden. In der halleschen Presse erfolgte sowohl im Vorfeld als auch im Anschluss der Aufführung eine umfangreiche Berichterstattung.

Die drei bedeutendsten Thingspiele waren "Deutsche Passion" von 1933, "Neurode" von 1934 und das "Frankenburger Würfelspiel" von 1936. KURT HEYNICKEs[8], ursprünglich als Hörspiel konzipiertes "Neurode - Ein Spiel von deutscher Arbeit", mit dem 1934 der erste Thingspielplatz in Halle eingeweiht wurde, galt bis 1936 als das gelungenste Stück dieses Genres. Es bezog sich auf einen tatsächlichen Vorfall in Schlesien vor 1933. Bergleute, deren Bergwerk vor der Stilllegung steht, greifen zur Selbsthilfe und treten dem Konsortium der Grubenbesitzer entgegen. Dem Argument des Kapitals - "Wer ist Besitzer der Grube? Ihr oder das Konsortium?" - stellen sie ihr Recht auf Arbeit entgegen. Zusammen mit dem Direktor der Grube und dem Bürgermeister des Orts gründen sie eine Arbeitsgemeinschaft: "Für die Arbeit! Für

---

[8] Kurt Heynicke (* 20. September 1891 in Liegnitz; † 18. März 1985 in Merzhausen) war der Sohn eines Klavierbauers. Ab 1928 war Heynicke freier Schriftsteller. 1932 ging er mit dem Intendanten Heinz Hille nach Berlin. Nach der Machtergreifung 1933 war er einer der wenigen Thingspielverfasser und arbeitete dann bis 1939 als Drehbuchautor für die Ufa. Bis zum Ende des 2.Weltkrieges schrieb er mehrere heiterbelanglose Romane. 1943 zog er sich nach Merzhausen bei Freiburg im Breisgau zurück. Kurt Heynickes Werk umfasst Romane, Erzählungen, Essays, Gedichte, Theaterstücke, Drehbücher für Spielfilme und Fernsehspiele sowie Hörspiele. Seit den 1930er Jahren war Heynicke Verfasser erfolgreicher Unterhaltungsromane sowie von Volksstücken in alemannischer Mundart.

die Heimat!" Aber dadurch sind der Konkurs der Grube und ihre Versteigerung nicht aufzuhalten. Da erscheint ein Unbekannter - "Der Kamerad. Der Volksgenosse. Der Mitmensch", ein Repräsentant des "neuen Deutschland", das inzwischen die Werte der Gesamtgesellschaft verändert hat. Durch sein Wort wird die Grube den Arbeitern erhalten, und Chöre beenden das Thingspiel: "Schließt die Reihen! Ganz Deutschland soll es sein (...) Der Mann der Stirn, der Mann der Faust (...) Wir sind auf ewig einig."[9]

Am Ende der insgesamt dreistündigen Aufführung, die in späteren Kritiken als langweilig bezeichnet wurde, marschierten alle 1.000 Mitwirkenden zu einem großen Schlussbild mit Fahnen und Musik auf. Gemeinsam wurde das Horst-Wessel-Lied gesungen, was als Rückbeziehung des Allgemeinen auf die nationalsozialistische Realität interpretiert wurde.

Vom 7.-11. August 1934 wurde RICHARD EURINGERs „Deutsche Passion 1933" und vom 11.-14. September 1934 KURT EGGERS' „Das große Wandern" aufgeführt. Im September 1934 fanden Werbeveranstaltungen des Stadttheaters statt. Bei insgesamt 6 Aufführungen vor 20.000 Zuschauern wurden „Tell", „Wallensteins Lager" und die „Torgauer Heide" aufgeführt.

Anfang August 1935 gelangten GUSTAV GOES' „Aufbricht Deutschland und „Saat und Ernte" von KARL KUNZ am 4. September 1935 zur Aufführung. Geplant war die Inszenierung von „Golgatha im Reich" von BERTHOLD WITHALMS.

Die Thingspiele wurden jeweils von mehreren hundert Personen ausgeführt. Professionelle Schauspieler waren für die Einzelrollen vorgesehen, der Rest beeindruckte durch Masse. Dies stellte im Endeffekt eine kostengünstige Unterhaltung für Tausende von Menschen dar, die gleichzeitig der nationalsozialistischen Erziehung dienen sollte.

---

[9] zusammengefasst nach Eichinger 2007

Heute zum ersten Mal: „Neurode"!

Die ersten Aufnahmen von der Generalprobe des Thingspiels — Ueber 1000 Mitwirkende

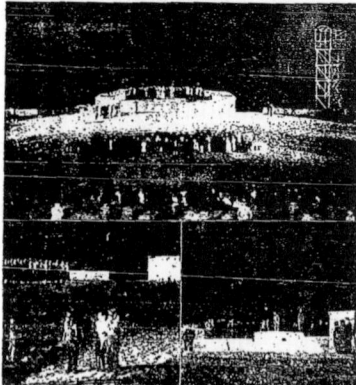

Zur Uraufführung des Thingspiels „Neurode"

THINGSTÄTTE   BRANDBERGE   SITZPLAN

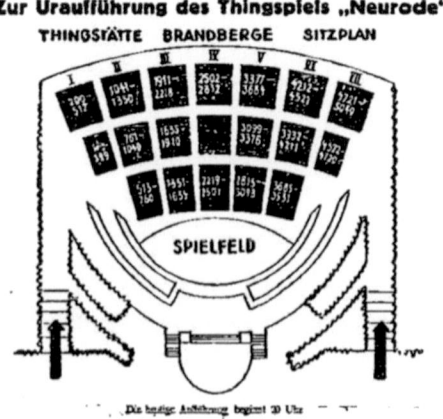

SPIELFELD

Die heutige Aufführung beginnt 20 Uhr

Vor lodernden Flammenbecken

Uraufführung „Neurode" — Gewaltiger Andrang zur Thingstätte — Zwischen Abendsonne und Scheinwerferlicht

Szene aus dem Thingspiel — Originalzeichnung von Horst Keßer

Abb. 25: Berichterstattung in den Hallischen Nachrichten von der Eröffnung der Spielstätte am 05.06.1934

*Abb. 26: Proben des Sprechchores und der Einzeldarsteller
[aus Stommer 1985]*

Trotz niedriger Kartenpreise scheiterten die Thingspiele bereits frühzeitig wegen der künstlerisch zu geringen Qualität und der infolgedessen ausbleibenden Besucher. Auch der erhoffte Erziehungseffekt blieb aus. Im Jahr 1935 erfolgte daher die Auflösung aller Spielgemeinschaften im Deutschen Reich und GOEBBELS ließ sogar das Wort Thing verbieten.

Ab 1936 wurden durch die „Freilichtbühne e.V. Halle" noch die Mitteldeutschen Festspiele durchgeführt. Der Thingplatz, der als solcher nicht mehr bezeichnet werden durfte, verfiel aber zusehends.

Abb. 27: Die Brandberge und der verfallende Thingplatz auf dem Luftbild der Alliierten vom 16.08.1944 [Stadt Halle, Stadtvermessungsamt]

2.5 Ende und spätere Nutzung

Nach dem Einmarsch der US-amerikanischen Truppen in Halle im April 1945 nutzten diese die Bauten als Lager. Nach deren Abzug Mitte des Jahres verfiel das Gelände weiter. Im Stadtarchiv Halle ist aus dem Jahre 1948 die Anfrage eines Bürgers erhalten, der in den Bauten des Thingplatzes eine Champignonzucht einrichten wollte. Offenbar hatte man sein Vorhaben abschlägig beschieden. Anfang der 1950er Jahre wurden der südliche bzw. obere Teil der Zuschauerränge mit Institutsgebäuden der Martin-Luther-Universität Halle-Wittenberg überbaut. Ende der 1970er Jahre kamen im mittleren Bereich zwei Studentenwohnheime der Universität hinzu. Das einstige Spielfeld wird heute als Parkplatz genutzt. Fast komplett erhalten geblieben sind die festen Bauten des Thingplatzes. Auf dem Parkplatz stehend, sind diese noch gut zu erkennen. Die Kuppelhalle mit den Treppenaufgängen kann man von der Straßenbahnhaltestelle aus erreichen. Eingezäunt und zugemauert sind sie dem weiteren Verfall preisgegeben. Als wichtiges Zeugnis für die Architektur und Propagandakultur der nationalsozialistischen Diktatur wurde die Thingstätte auf die Denkmalliste der Stadt Halle gesetzt.

Abb. 28: Das Gelände im Jahre 1957 [aus Bliss 1998]

Alfred M█████
Halle/Saale
Felsenstr. 1

111/1-337/48

23. OKT. 1948

An den

Oberbürgermeister

der Landeshauptstadt Halle
- Baupolizei -

H a l l e / Saale   dem 22.1o.1948

Betr.: Ihr Schreiben vom 15. Oktober 1948 11o/1-2/48

Zu der mir zugestellten Entscheidung des Bauausschußes über die
Wiederinstandsetzung der Thingstättenräume, für eine Championzucht, nehme ich folgende Stellung:
Ich bin in der Championzucht kein Neuling, wie man irrtümlicher
Weise in dem Bauausschuß angenommen hat. Nach meinen Erfahrungen
und reiflicher Überlegung, fand ich die Thingstätte in jeder Be-
ziehung zur Championzucht als geeignet. Die Herren werden mir
nicht absprechen können, daß man im Alter von 57 Jahren unüberlegt
handelt und seine Ersparnisse sozusagen auf die Straße wirft.
Die Meinung, Champions können nur unter der Erde gezüchtet werden,
war vor ca.3o Jahren als die Richtige angesehen. Heute dagegen
haben die Erfahrungen gezeigt, daß man diese Pilze sogar in Frei-
landkulturen züchten kann.
Alles Nähere wollen Sie bitte aus beiliegendem Gutachten der
Landesregierung Sachsen-Anhalt, sowie dem Schreiben vom Rat der
Landeshauptstadt Halle, vom 23.9.48 ersehen. Beide Herren, welche
die Thingstätte besichtigten, sind Fachleute.
Zur weiteren Orientierung lege ich noch 2 Prospekte der Fa.Blech-
schmidt bei.
Da ich Ihnen nunmehr die geforderten Unterlagen, welche eindeutig
besagen, daß die Räume den Erfordernissen voll und ganz entsprechen
erbracht habe, hoffe ich, Ihnen gedient zu haben und erbitte die
Genehmigung zur Instandsetzung, damit ich schnellstens zur Ernäh-
rungslage unserer Bevölkerung beitragen kann.
Die Anlagen, 2 Prospekte, Gutachten der Landesregierung, sowie
das Schreiben vom Rat der Landeshauptstadt Halle, erbitte ich im
Original zurück.

                                          Hochachtungsvoll

Anbei 8 Anlagen

Abb. 29: Schreiben des Bürgers Alfred M. bezüglich der Nutzung der
Gebäude für eine Champignonzucht [Stadtarchiv Halle]

*Abb. 30: Der Thingplatz Halle, heutiger Zustand
[mit freundlicher Genehmigung von Google, Tele Atlas, Aero West]*

*Abb. 31: Die Reste der Bühnenbauten der Thingstätte vom Parkplatz
aus gesehen*

Abb. 32: Reste der Bühnenbauten aus Richtung Straßenbahnhaltestelle betrachtet, östlicher und westlicher Treppenaufgang, zugemauertes Ehrenmal der Arbeit

50

Literatur & Quellen

BACH, C. u. a. (2002): Mit dem Stadtplan auf Spurensuche durch Halle. Leipzig/Weißenfels.

BLISS, P. (Hrsg.) (1998): Das Naturschutzgebiet Brandberge. Calendula: Sonderheft, Halle.

BRAUN, S. (2004): Auf der Suche nach der Volksgemeinschaft - Das nationalsozialistische Thingspiel. Studienarbeit. Bochum.

DAIBER, H. (1995): Schaufenster der Diktatur, Theater im Machtbereich Hitlers. Stuttgart.

EICHBERG, H. (2007): Das Fest der Bewegung - Arbeitermassenspiel und NS-Thingspiel, Süddänische Universität, Forschungsinstitut für Sport, Gesundheit und Zivilgesellschaft.

EICHBERG, H. u. a. (1977): Massenspiele: NS-Thingspiele, Arbeiterweihespiel und olympisches Zeremoniell. Stuttgart.

FRANK, M. (1989): Vom „Bühnenweihespiel" zum „Thingspiel". Zur Wirkungsgeschichte der„Neuen Mythologie" bei Nietzsche, Wagner und Johst. In: Poetik und Hermeneutik XIV. München. S. 610-638

JOST, W. (1934): Der Thingplatz für Halle/Saale. In: Technisches Gemeindeblatt 1934; 34. S. 97-99.

KEY, H. (2002): Zur Geschichte des Kurt-Wabbel-Stadions. In: Hallescher Turn- und Sportalmanach 2002, S. 13-44.

LAUBINGER, O. (1934): Theater der Nation. In: Deutsche Mitte. S. 25-30. Frankfurt/Main.

LENZING, A. (2005): Gerichtslinden und Thingplätze in Deutschland. Königstein.

MEYER, E. (1934): Der Thingplatz für Halle/S. In: Die Gartenkunst 1934; 47. S. 151-152.

MOSHAMER, L. (1935): Die Thingstätte und ihre Bedeutung für das kommende deutsche Theater. In: Monatshefte für Baukunst und Städtebau 1935; 12. S. 425-432.

MÜLLER, W. (2009): „Erster Thingplatz Deutschlands auf den Brandbergen ". In: Sonntagsnachrichten, Halle, 19. Woche,16. Jahrgang vom 10.Mai 2009.

REICHL, J. M. (1988): Das Thingspiel: Über den Versuch eines nationalsozialistischen

SCHLÖSSER, R (1935): Das Volk und seine Bühne. Berlin.

STOMMER, R. (1981): „Da oben versinkt einem der Alltag…" Thingstätten im Dritten Reich als Demonstration der Volksgemeinschaftsideologie. In: Peukert, Detlev J.K.: Die Reihen fast geschlossen. Wuppertal. S. 149-173

STOMMER, R. (1985): Die inszenierte Volksgemeinschaft. Die Thing-Bewegung im dritten Reich. Marburg.

Hallische Nachrichten 1934

www.wikipedia.de

Impressum

© 2009 Helko Trentzsch

hetr@arcor.de

Herstellung und Verlag: Books on Demand GmbH, Norderstedt

ISBN: 9783839128657

Fotos, soweit nicht anders gekennzeichnet, stammen vom Autor.

Trotz sorgfältiger Recherche konnten nicht alle Urheber der Fotos ermittelt werden. Berechtigte Honoraransprüche bleiben bestehen.

In diesem Werk werden teilweise Symbole von in Deutschland verfassungswidrigen Organisationen gezeigt. Dies ist nach §86 und §86a des StGB (Deutschland) strafbar. In dem Falle dieses Werkes gilt jedoch §86, Absatz 3: (3) Absatz 1 gilt nicht, wenn das Propagandamittel oder die Handlung der staatsbürgerlichen Aufklärung, der Abwehr verfassungswidriger Bestrebungen, der Kunst oder der Wissenschaft, der Forschung oder der Lehre, der Berichterstattung über Vorgänge des Zeitgeschehens oder der Geschichte oder ähnlichen Zwecken dient.

Cover:
Blick vom Großen Brandberg zur Thingstätte der Nationalsozialisten im Jahre 1935 [mit freundlicher Genehmigung des Landesamtes für Archäologie und Denkmalpflege des Landes Sachsen-Anhalt, Halle; Negativ Nr. 13531 LÄD]

Rückseite:
Modell der Thingstätte [aus Moshamer, 1935]